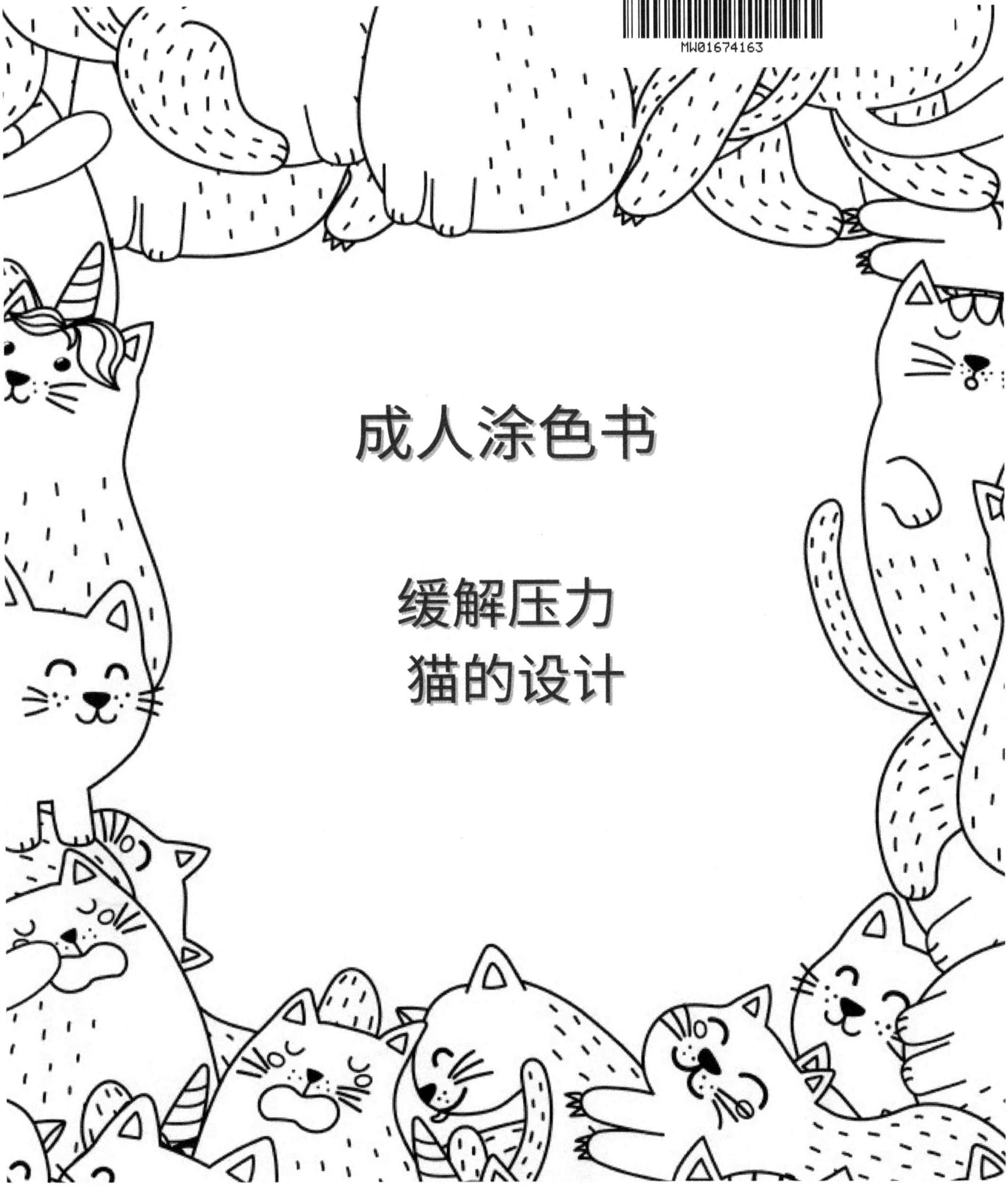

成人涂色书

缓解压力
猫的设计

James Howard

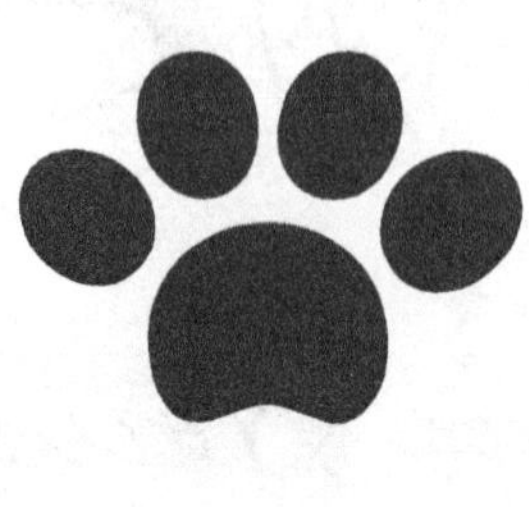

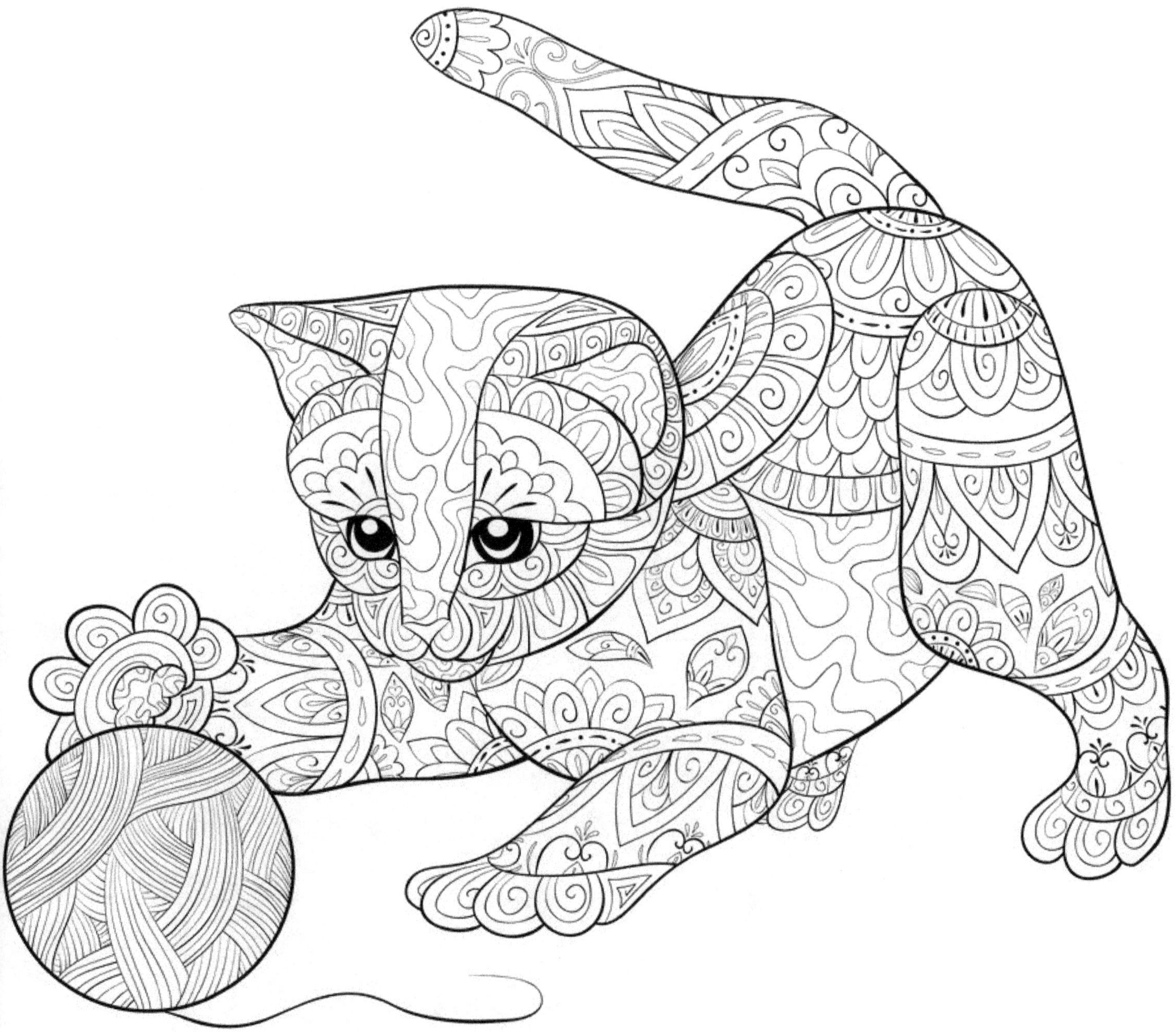

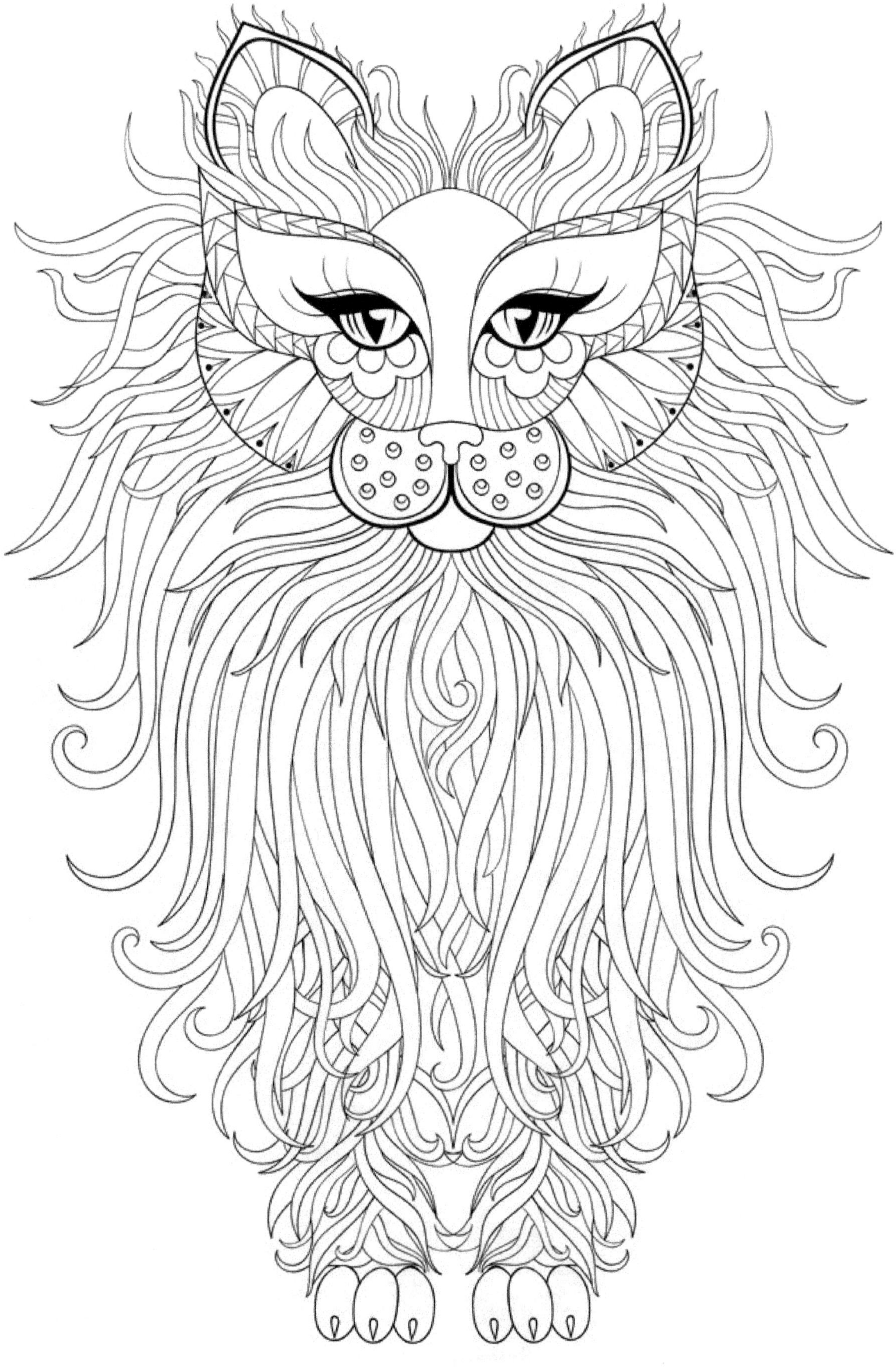

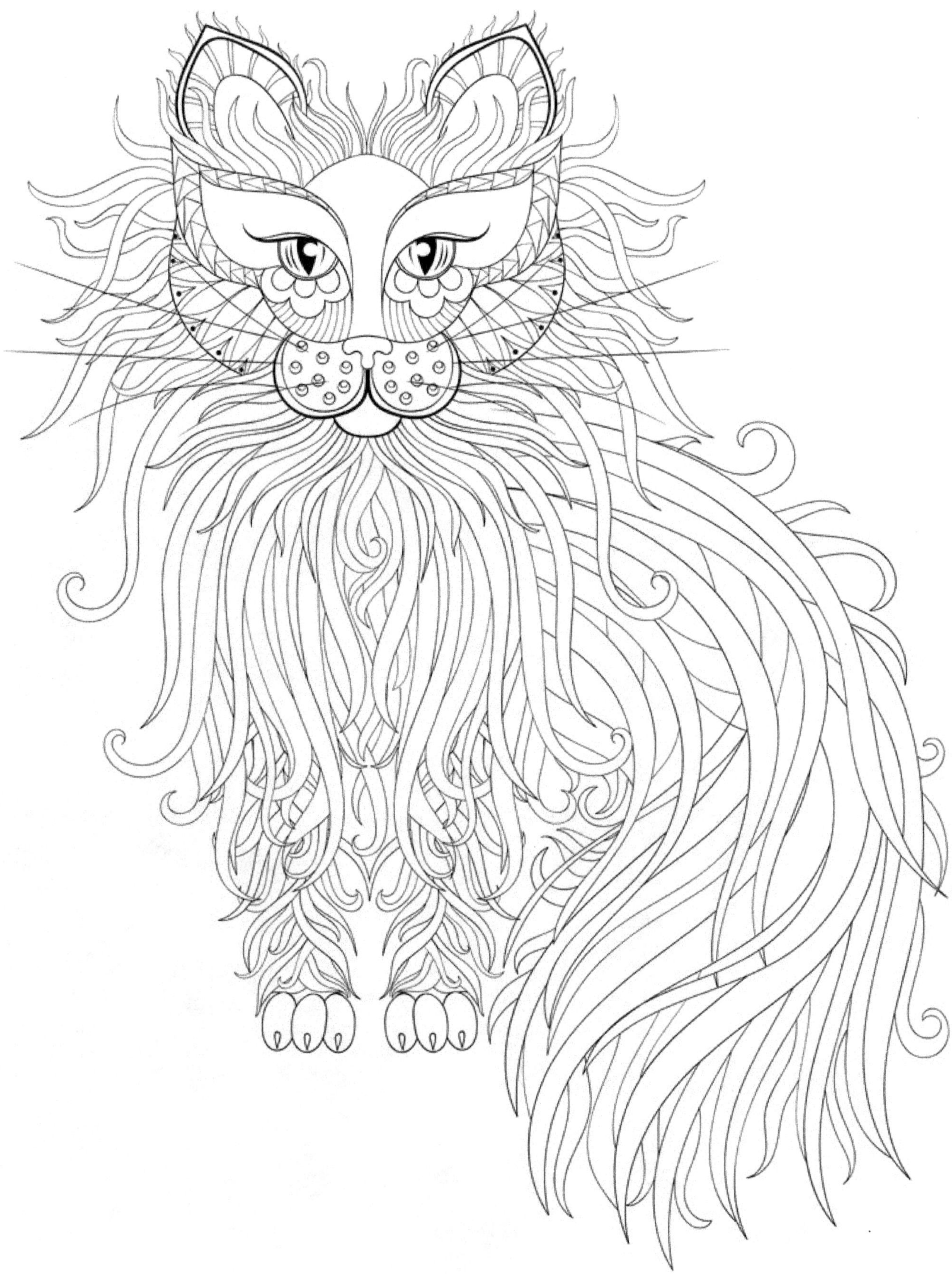

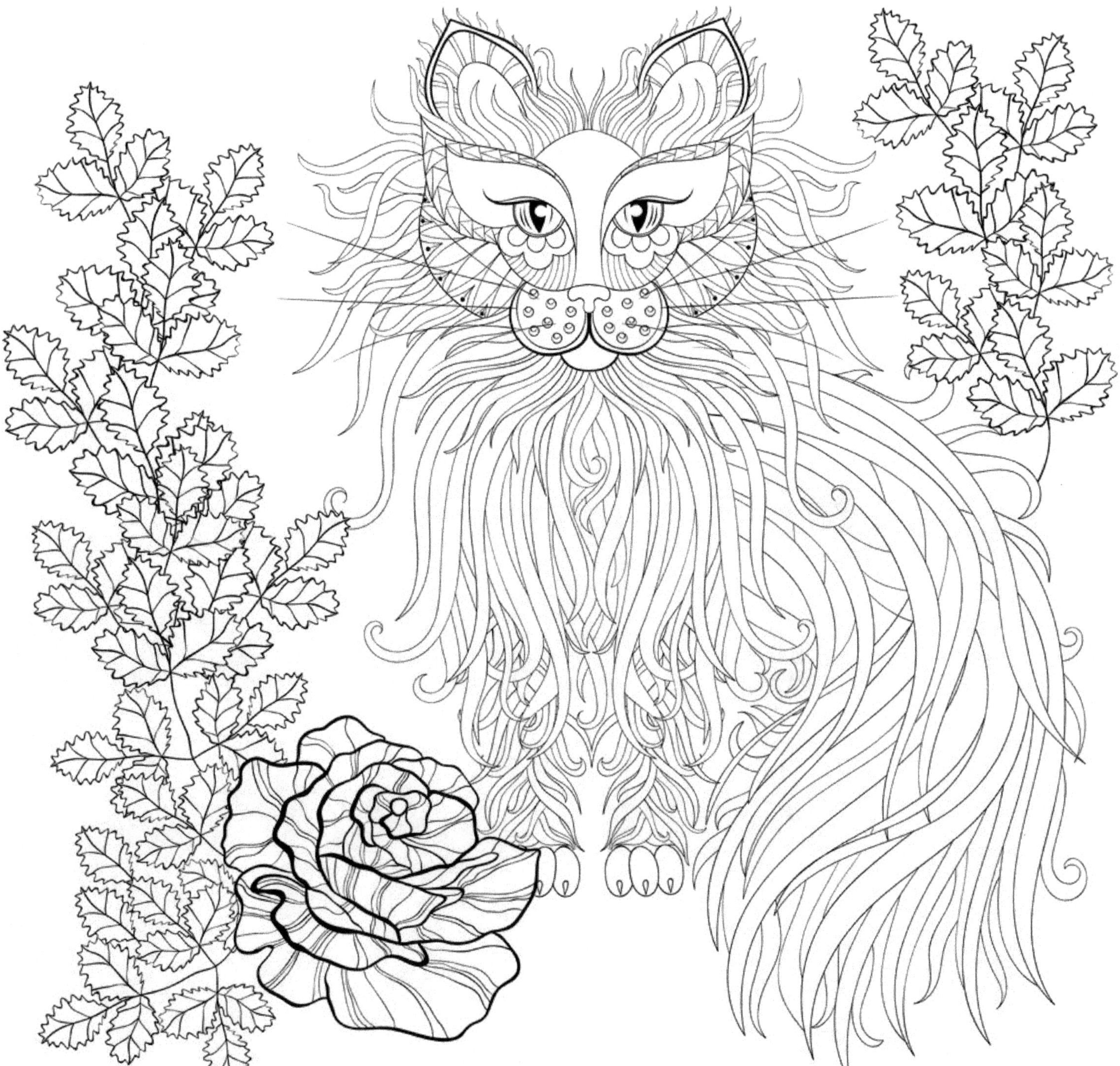

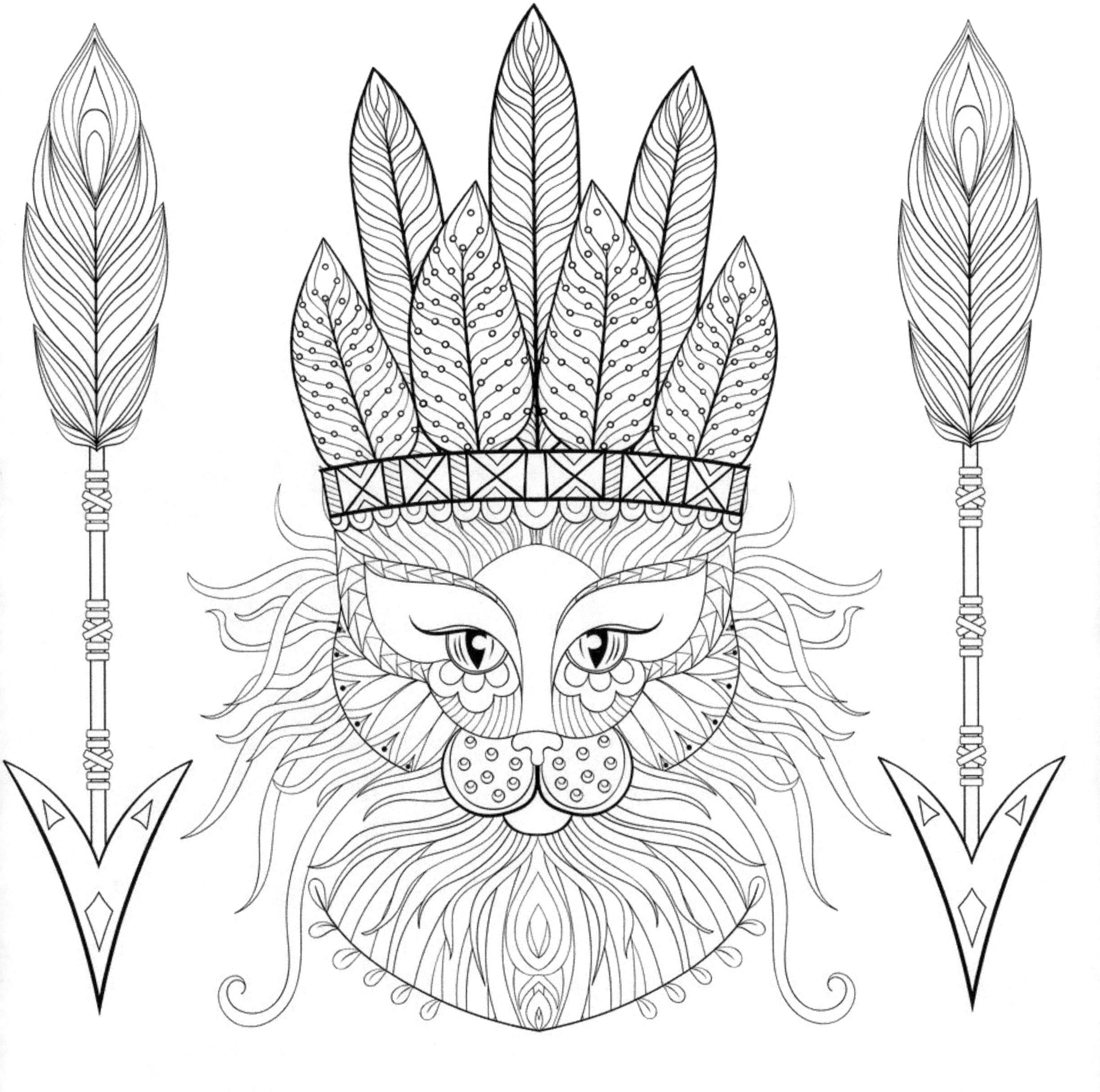

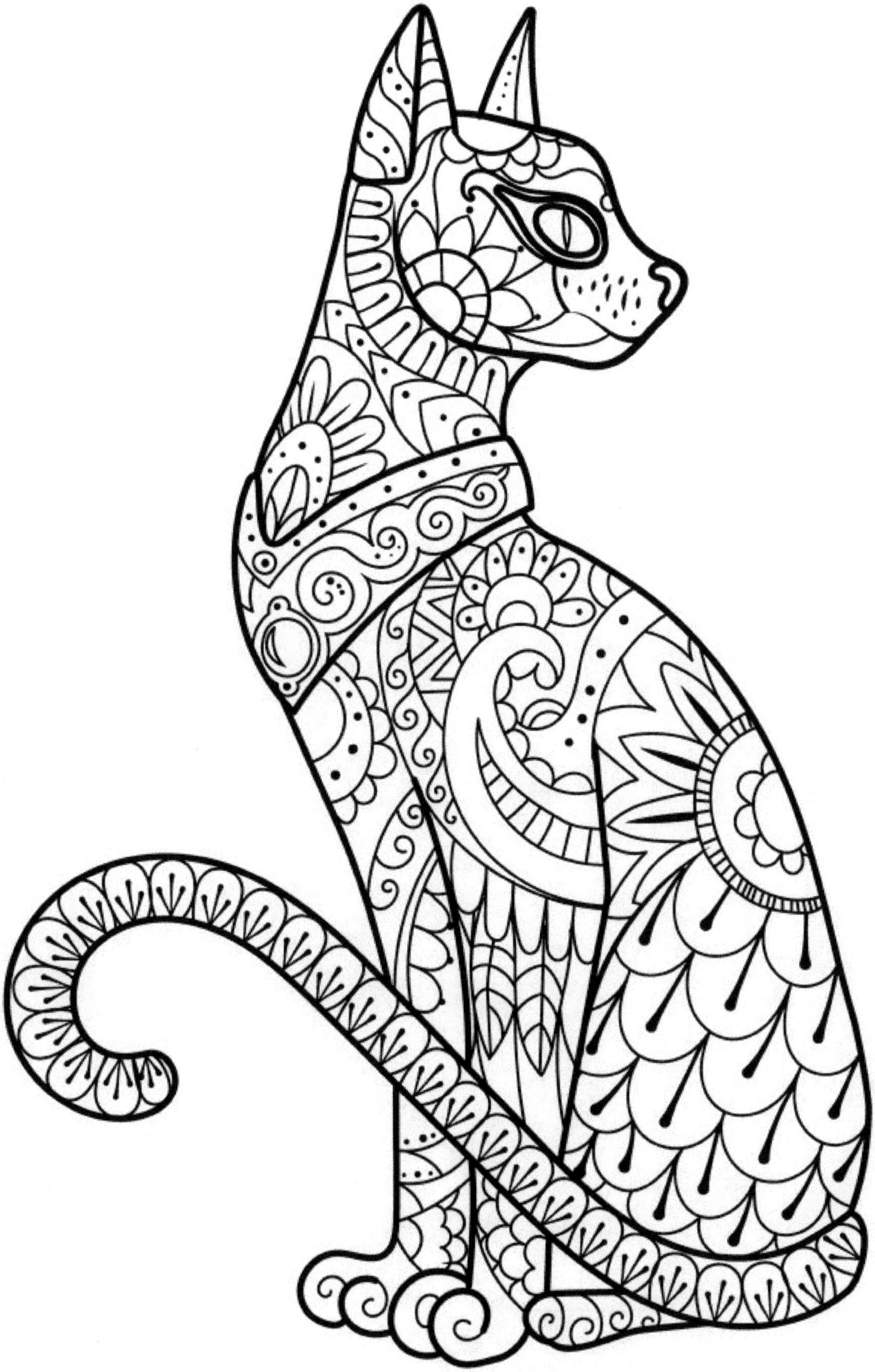

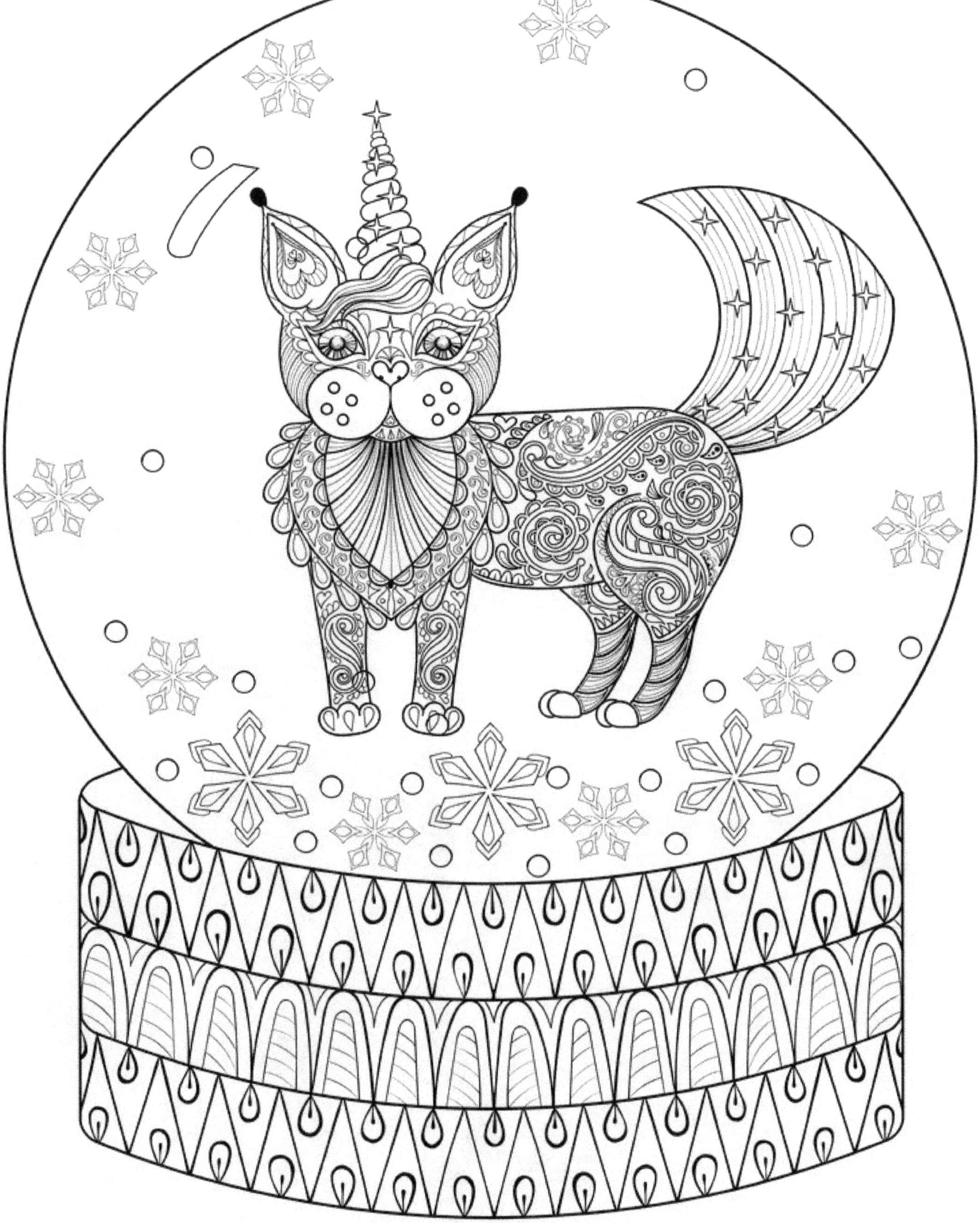

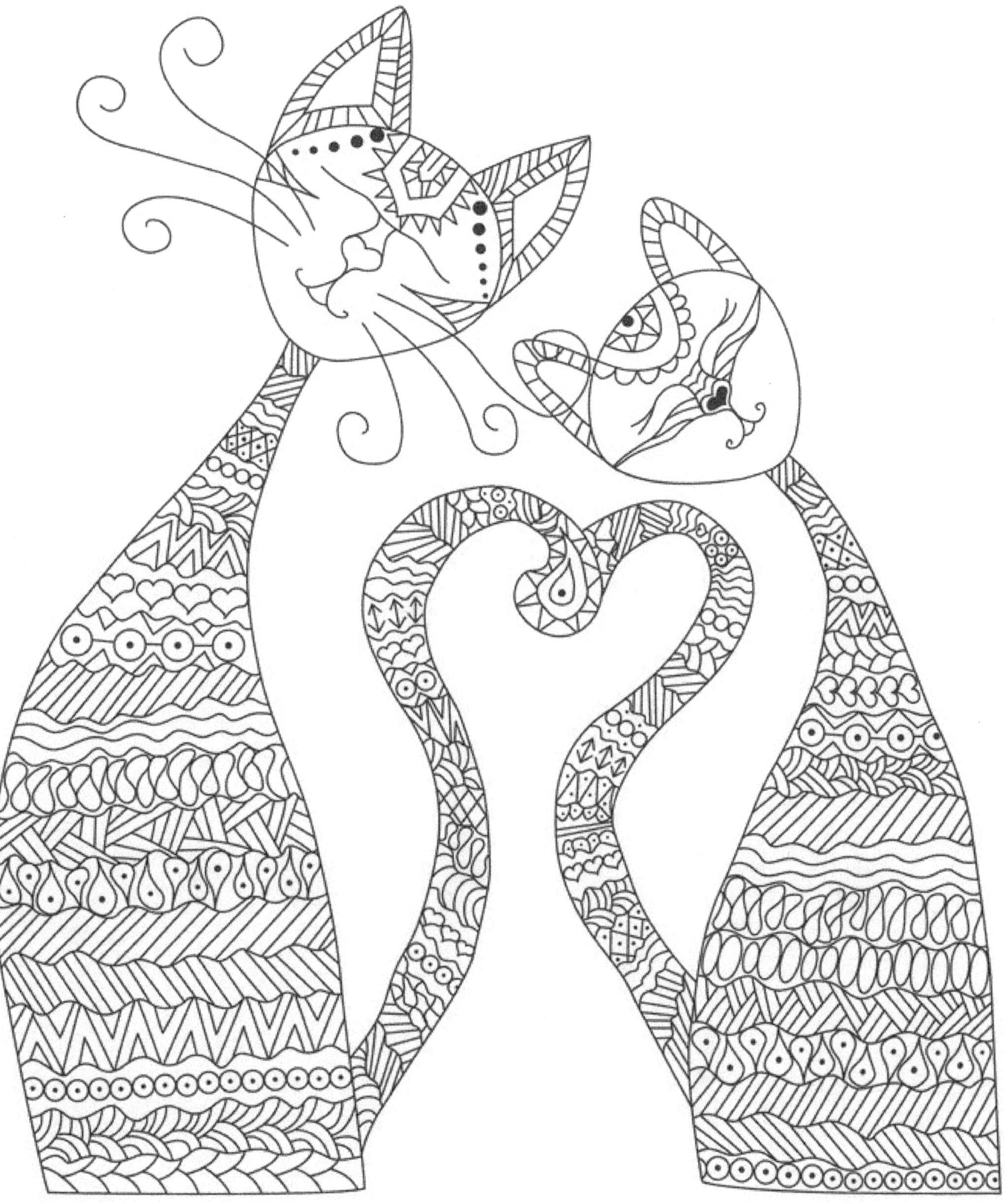

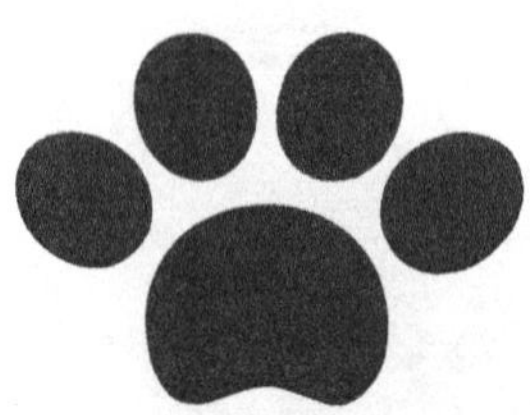

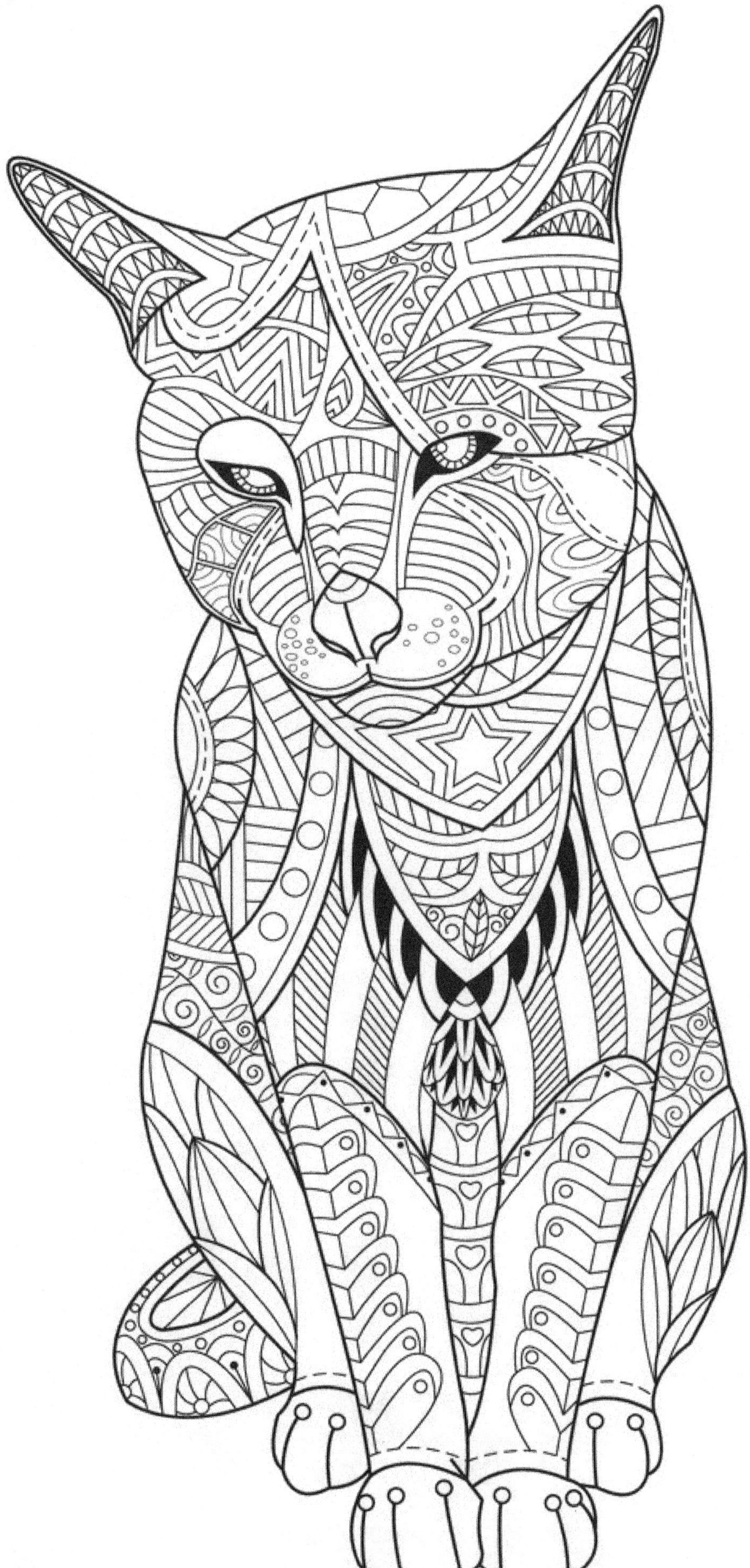

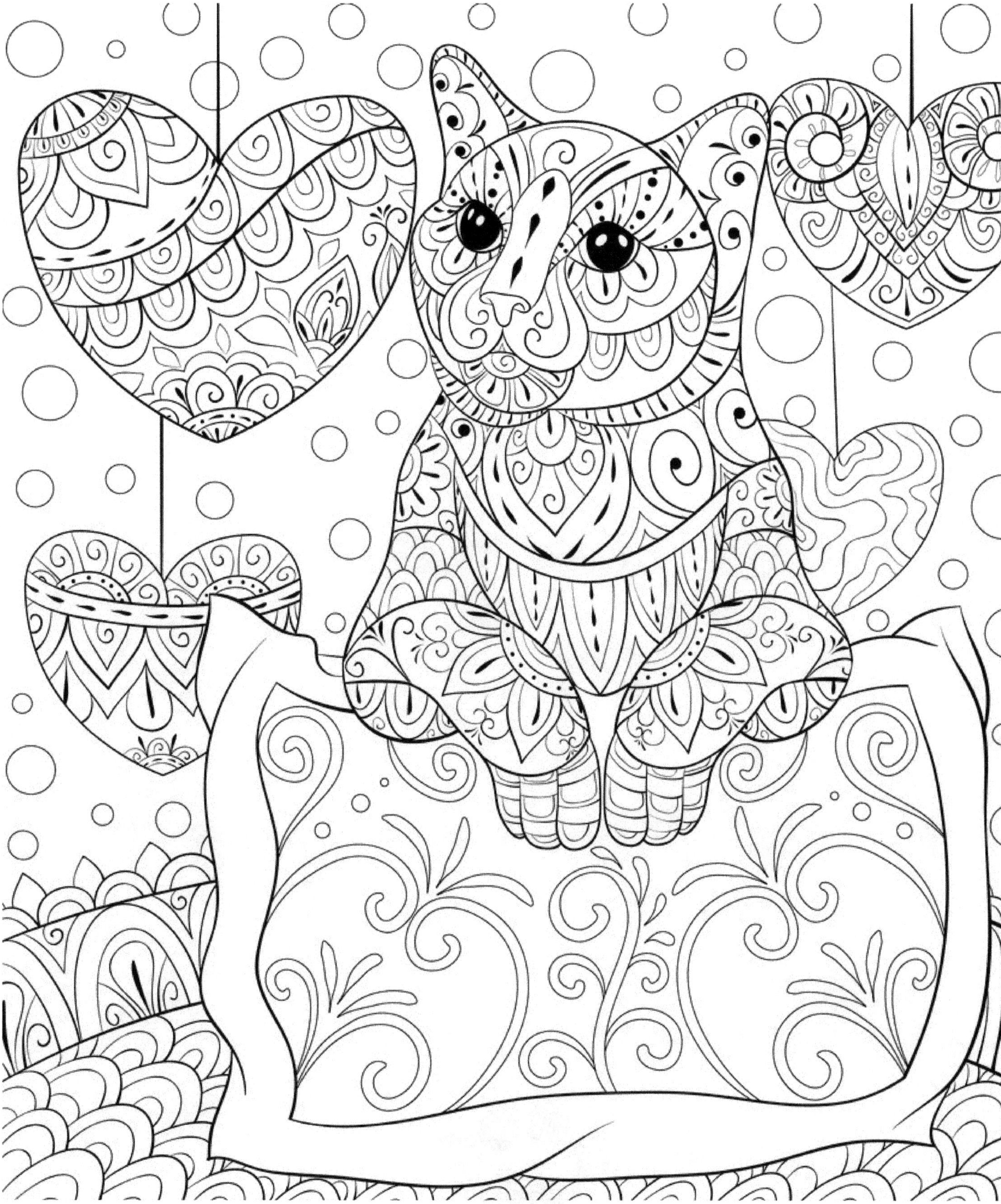

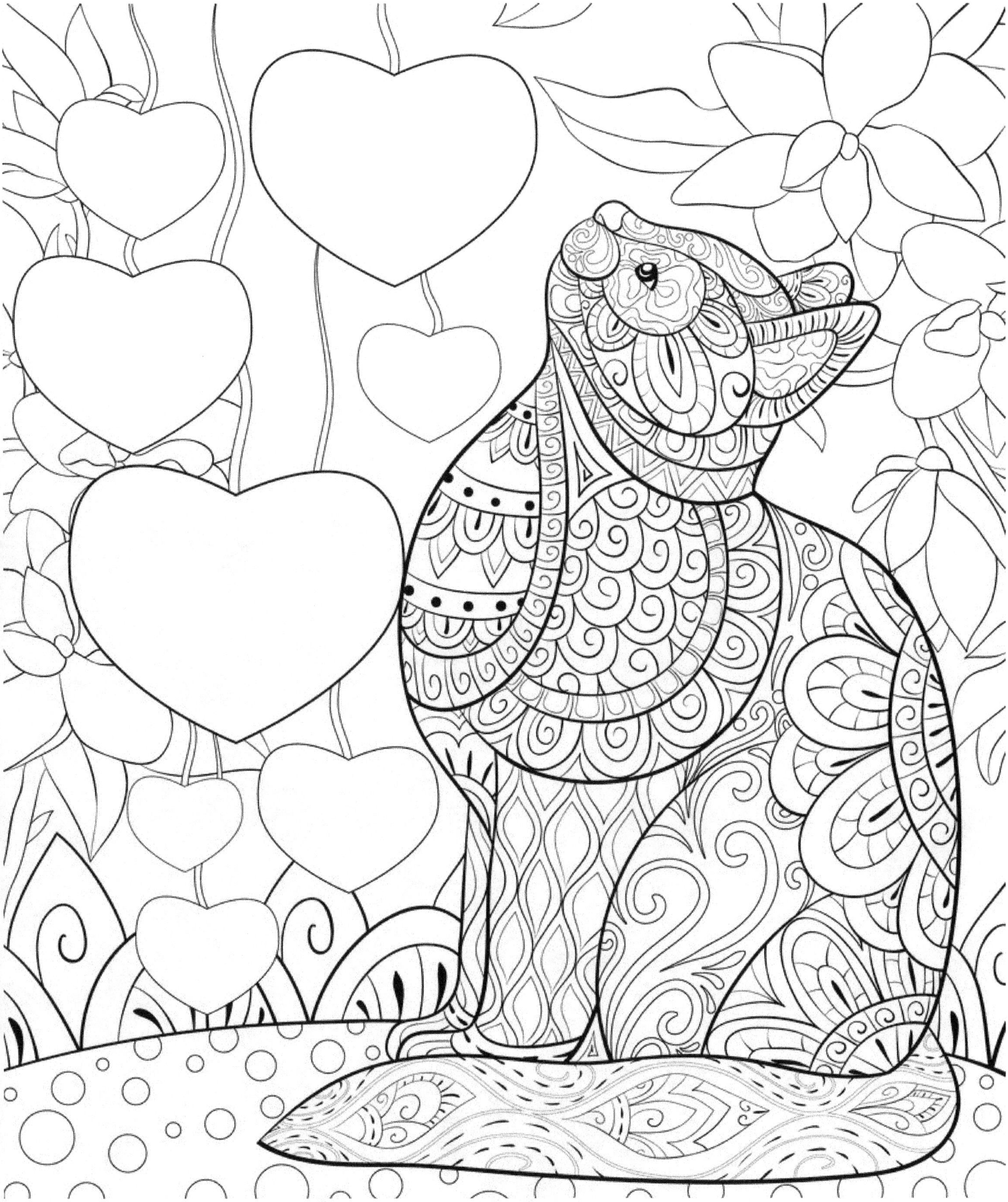

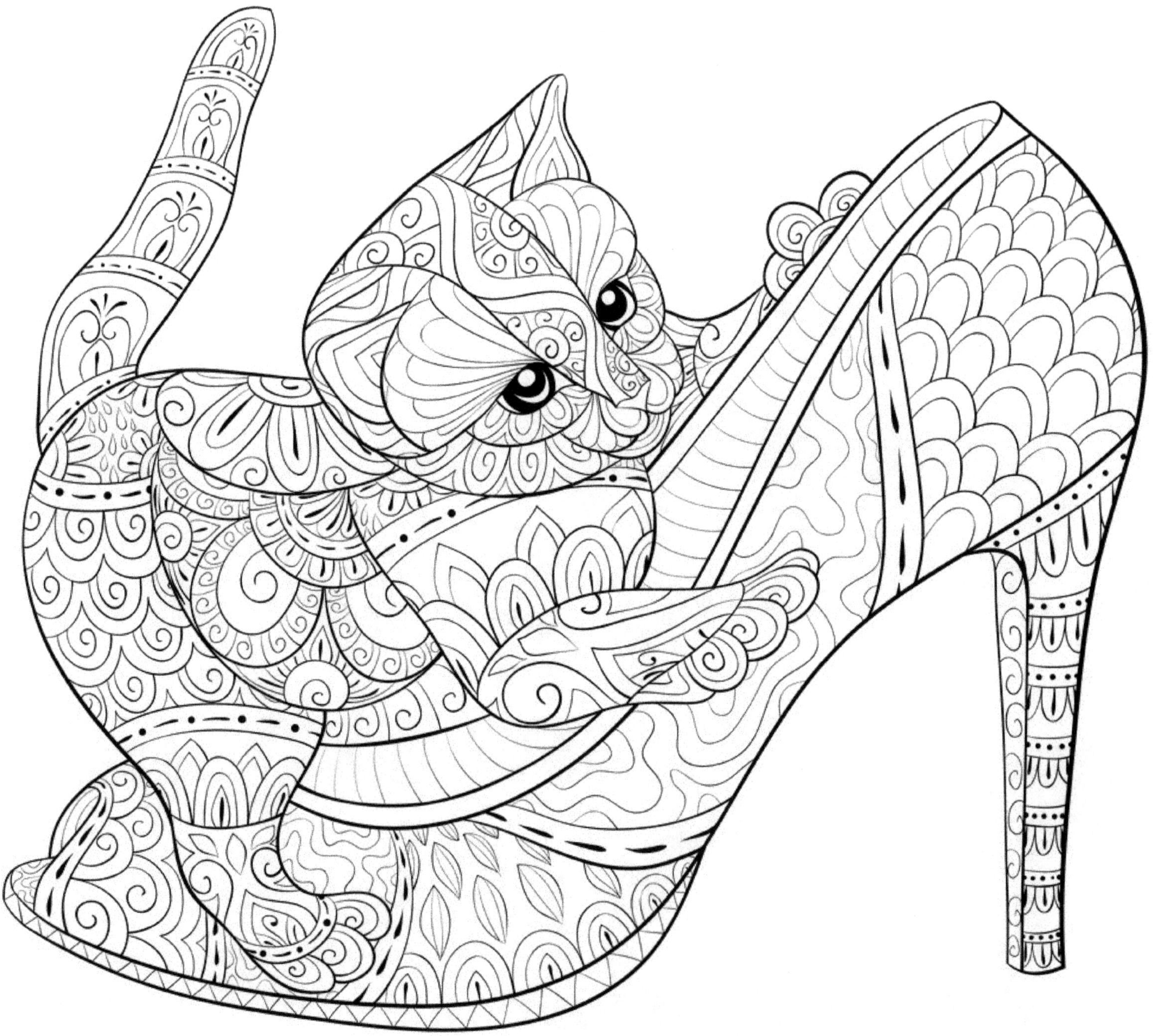

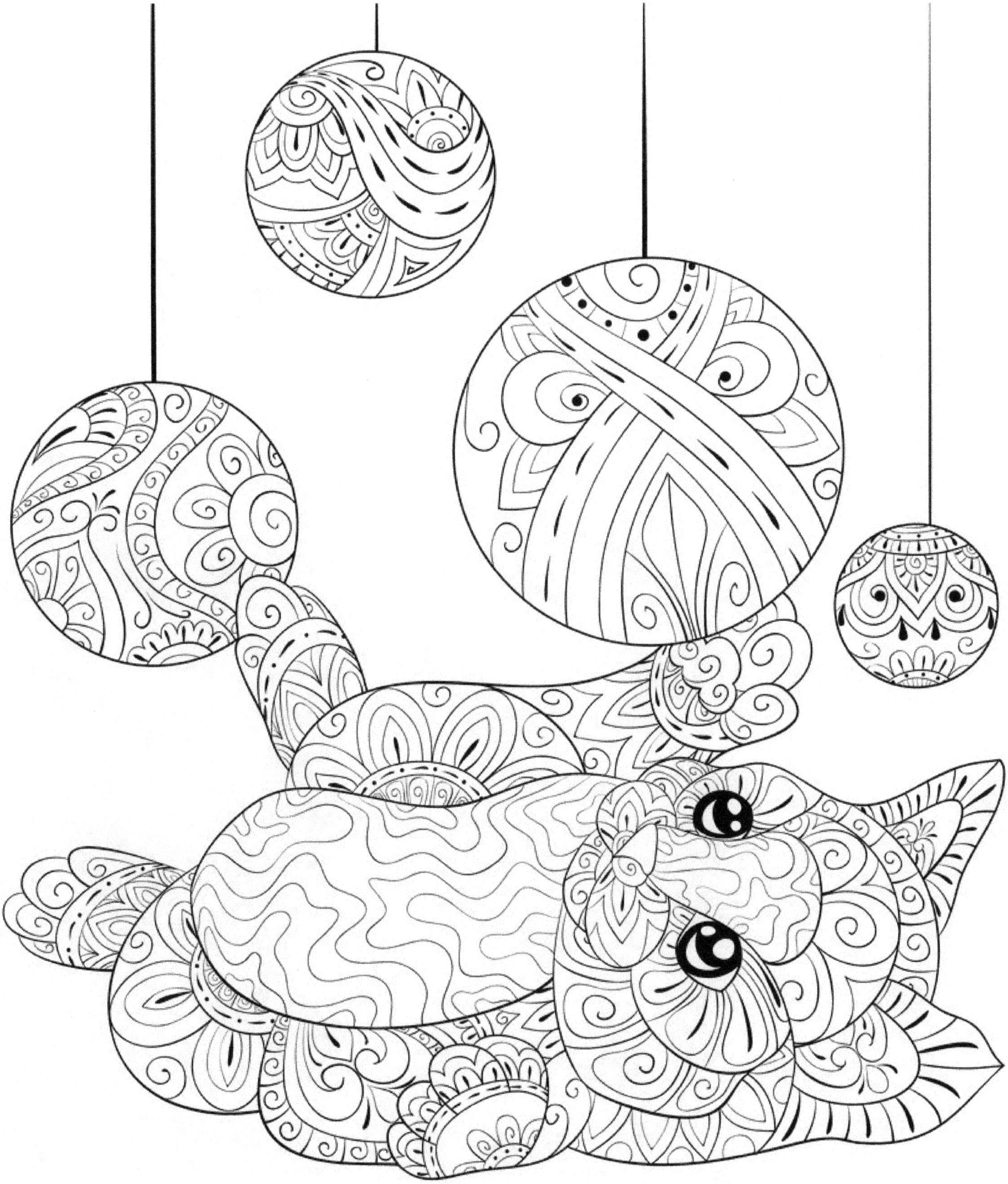

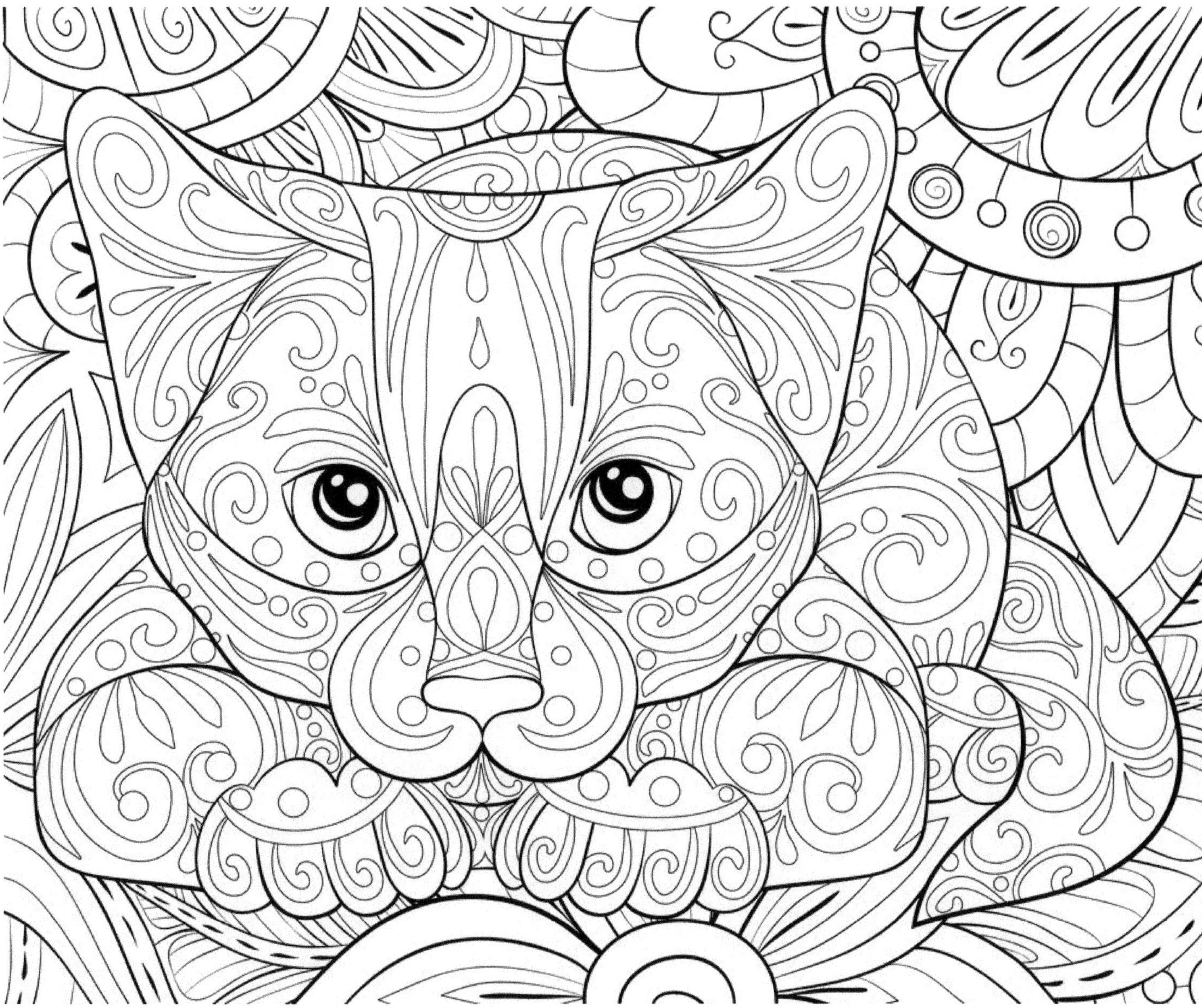

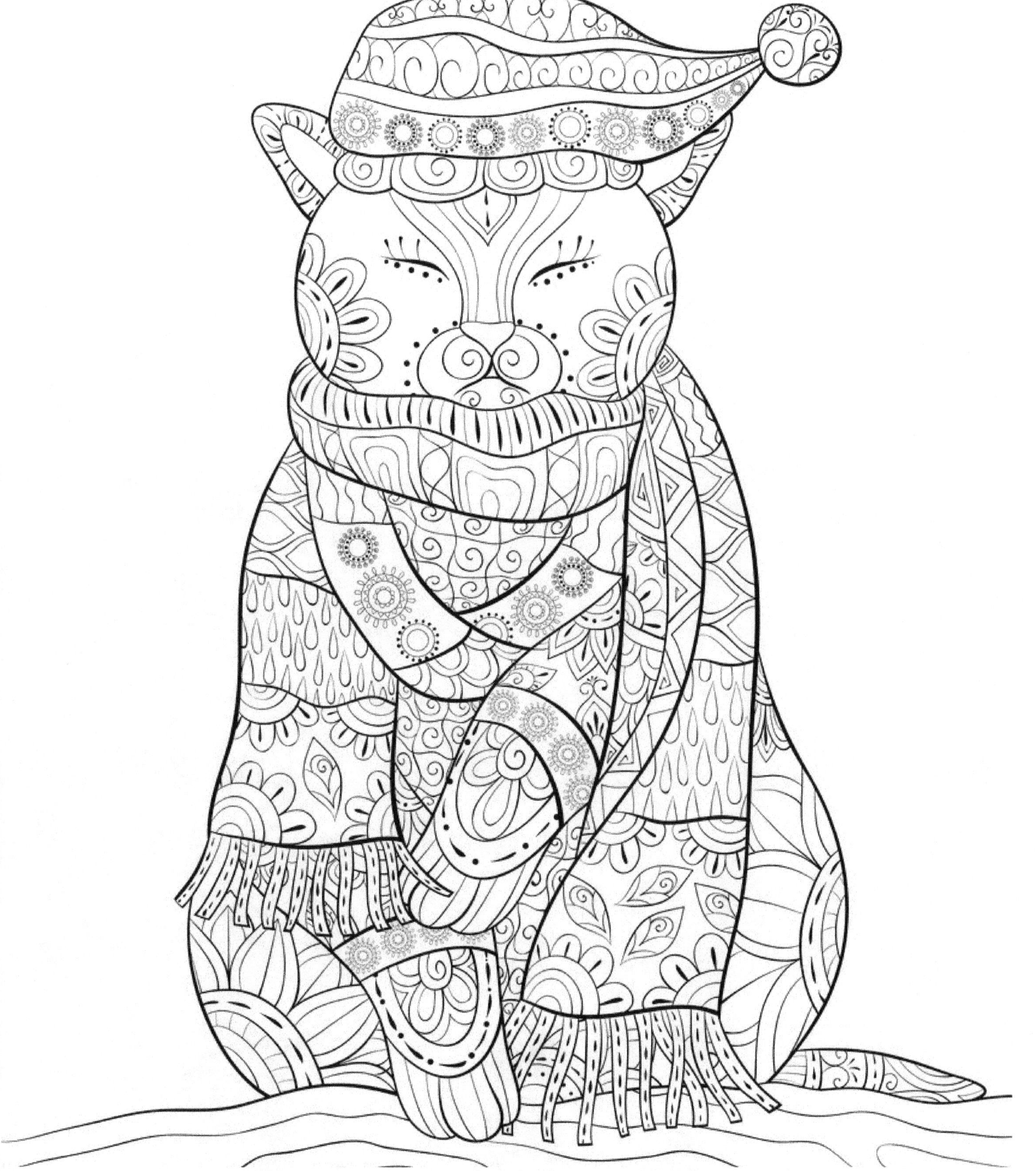

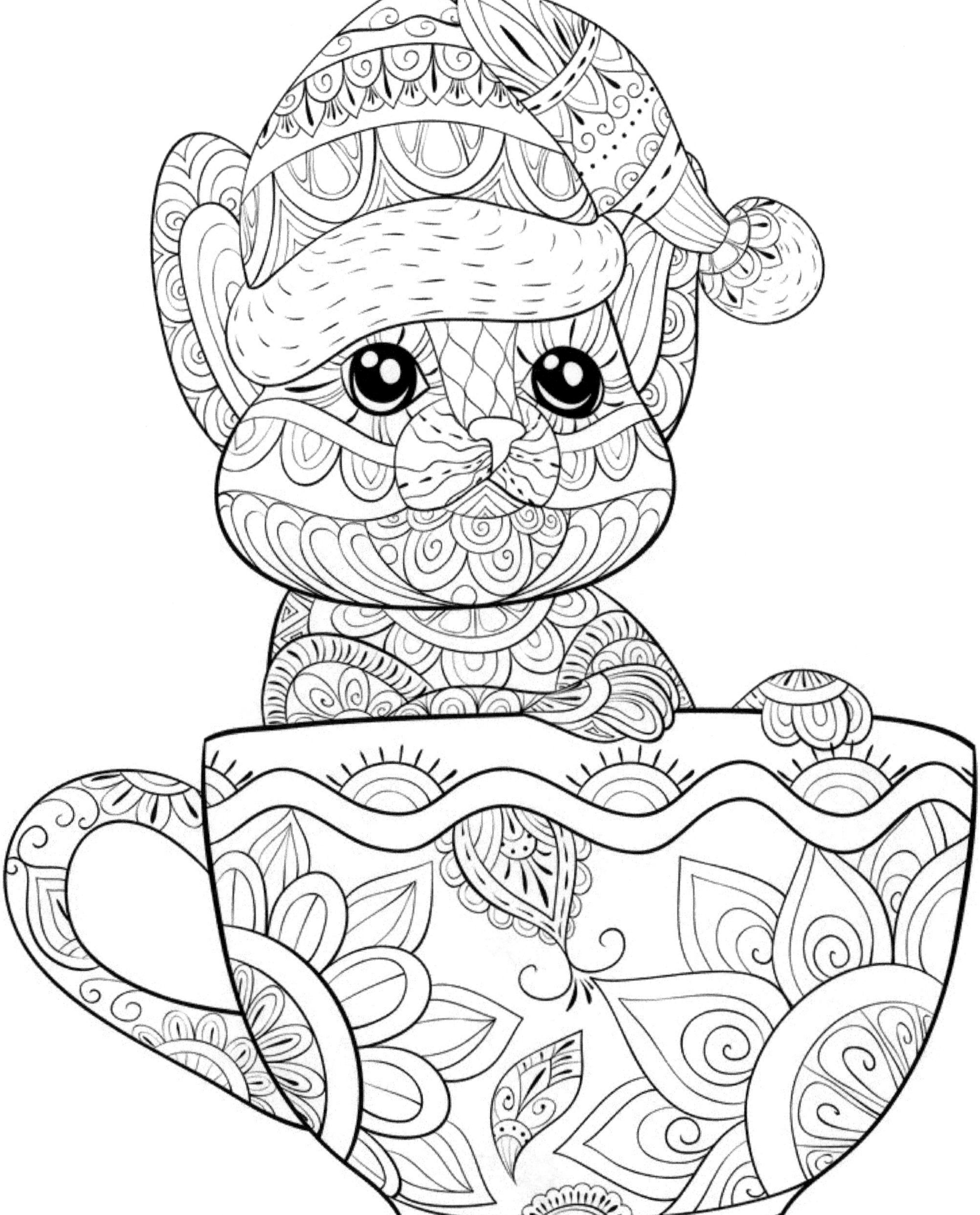

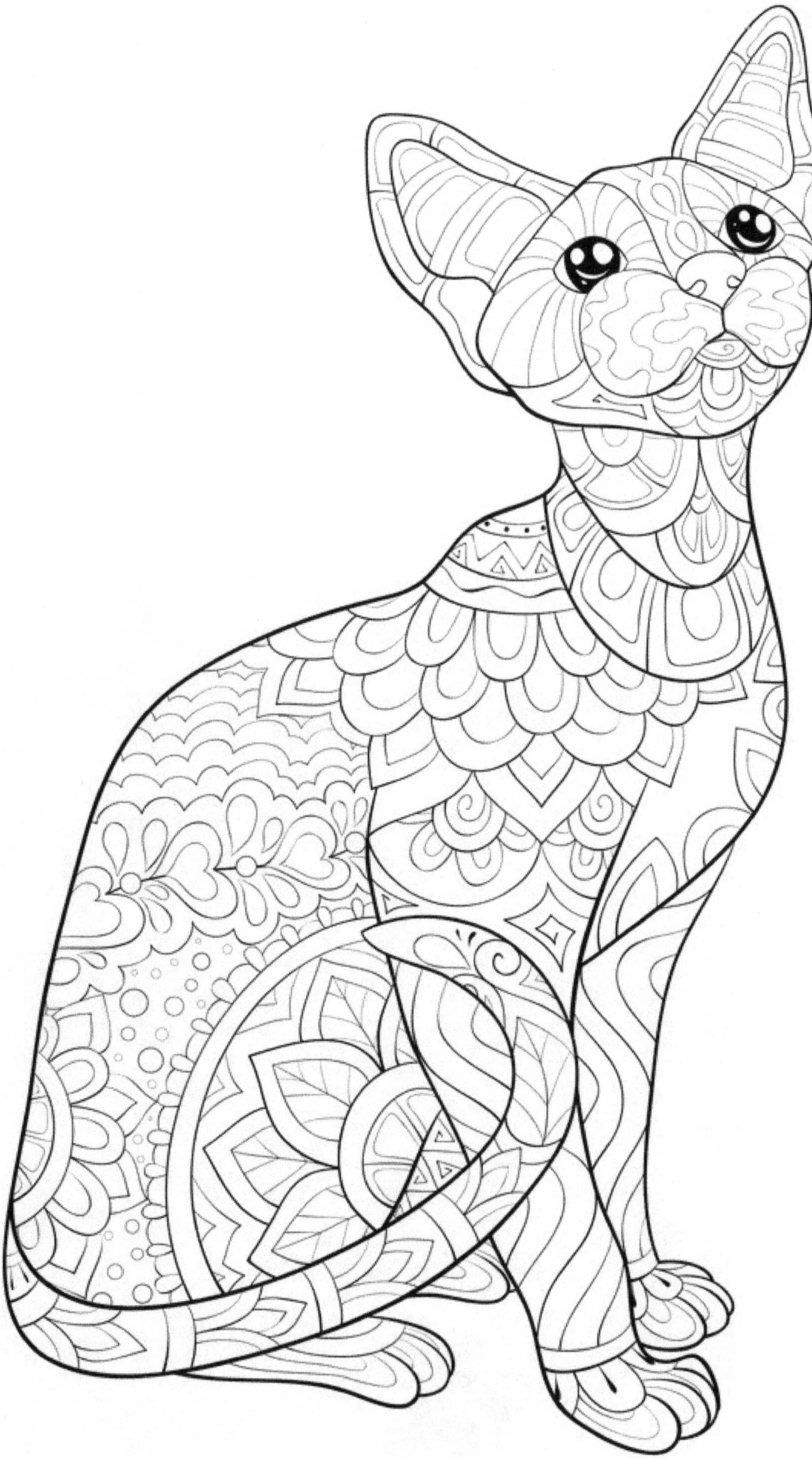

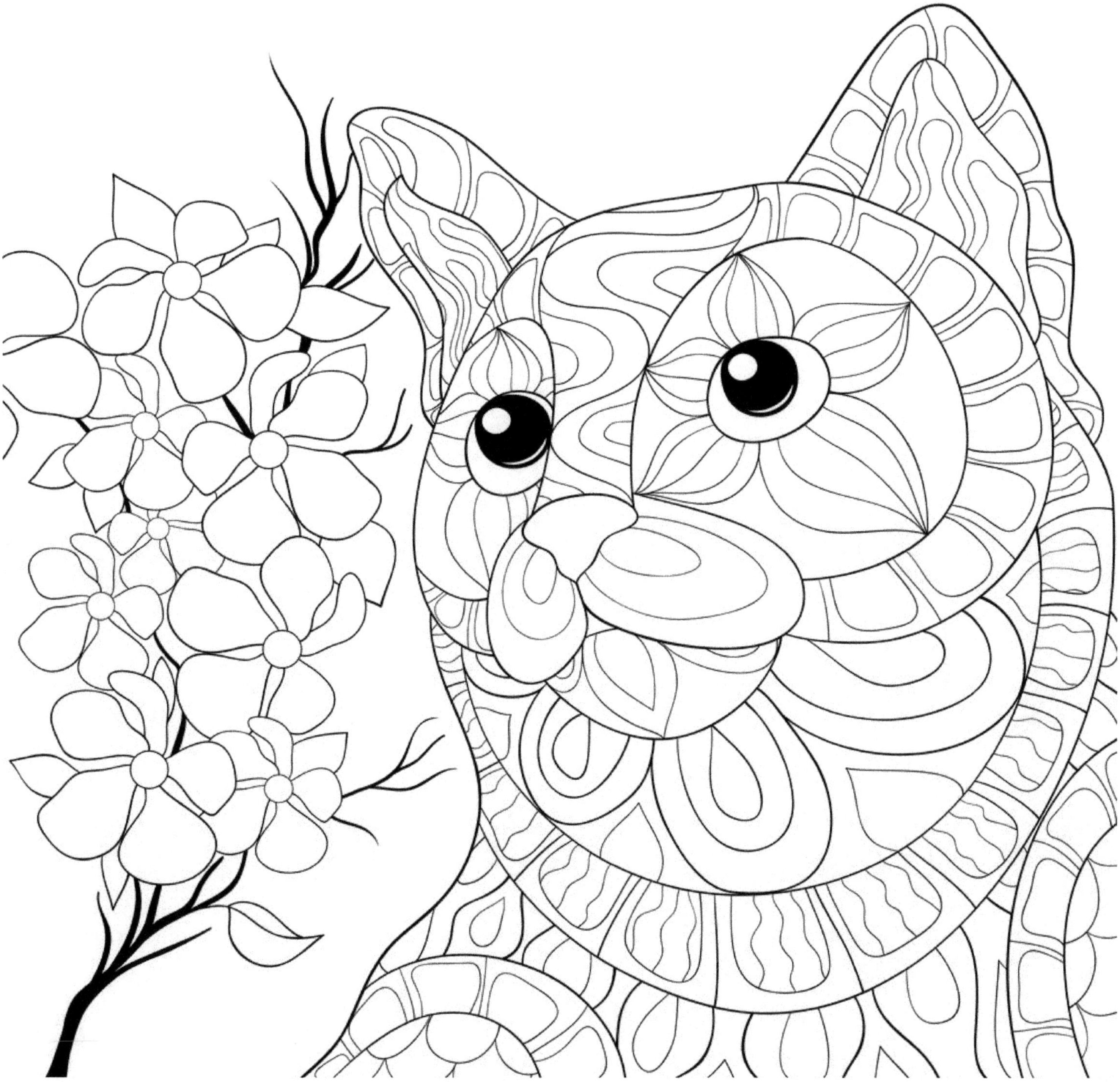

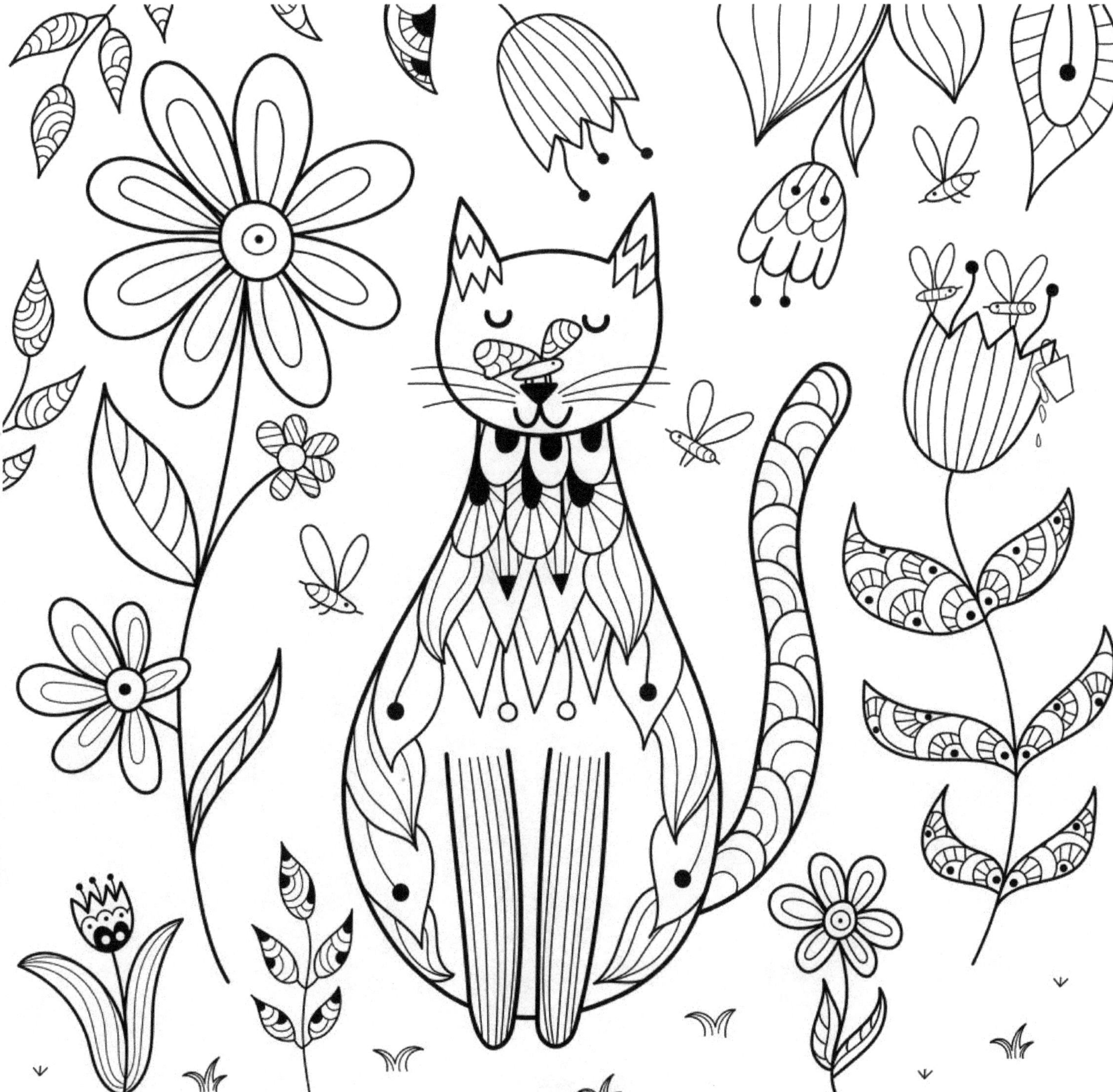

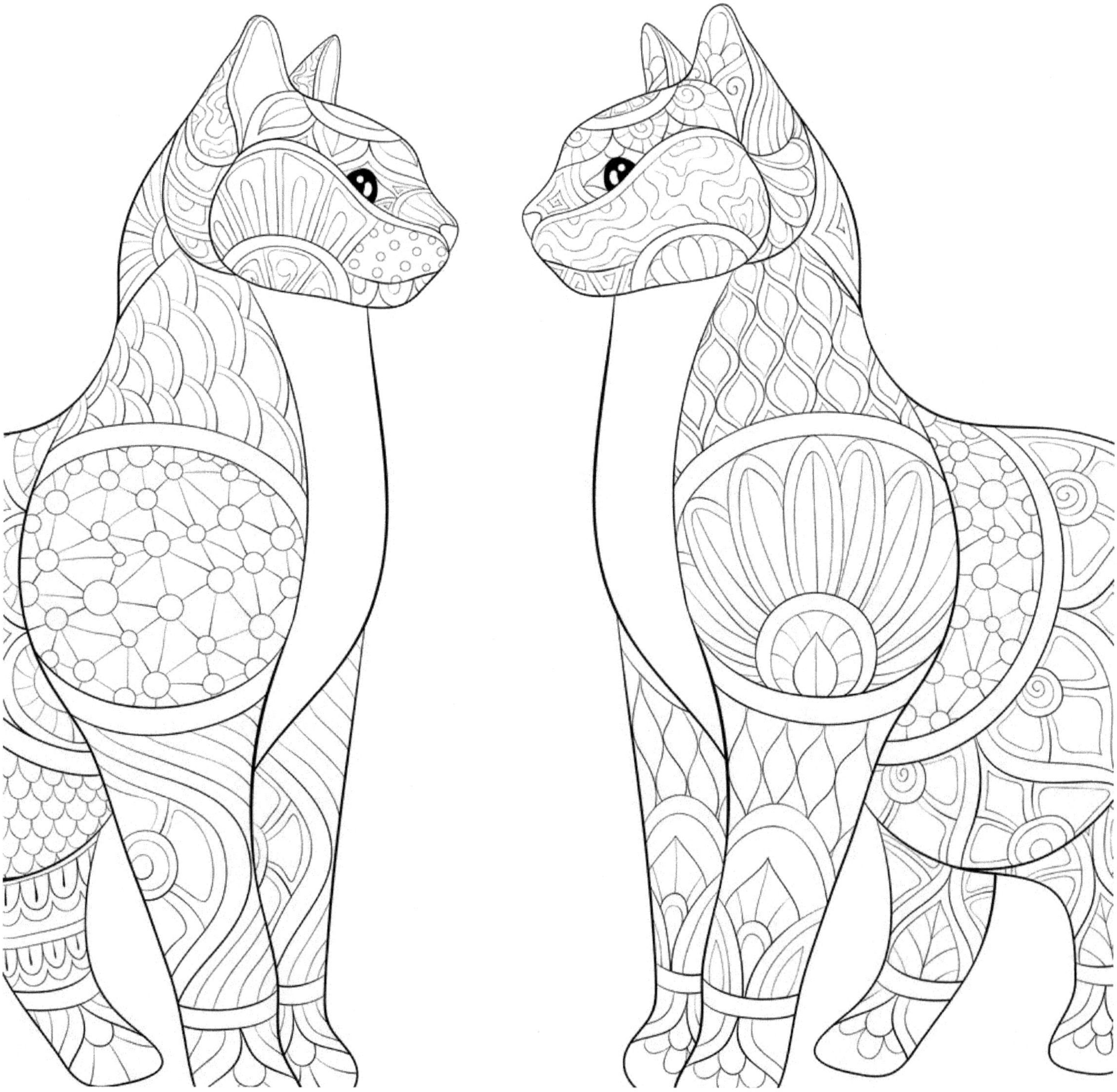

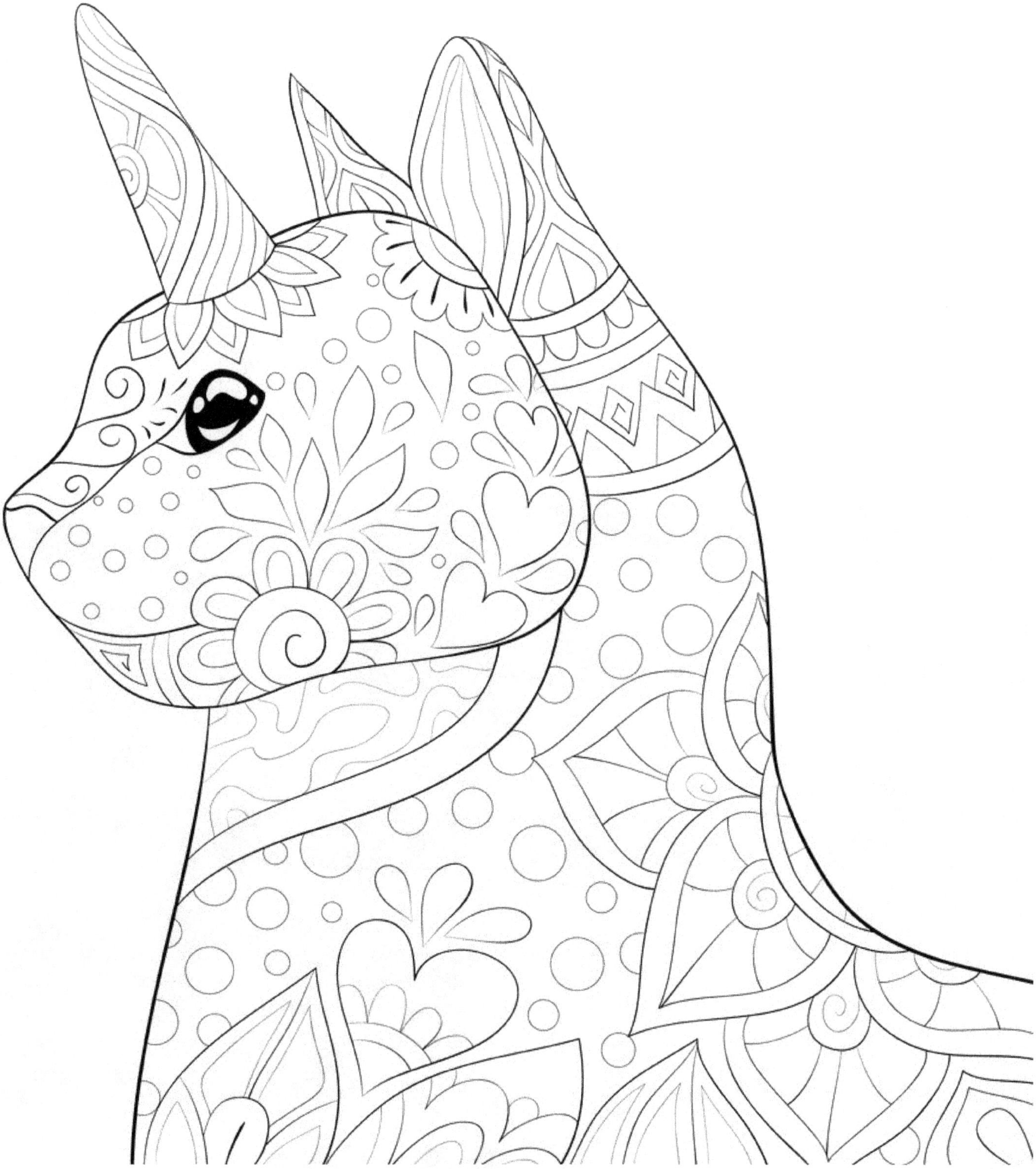

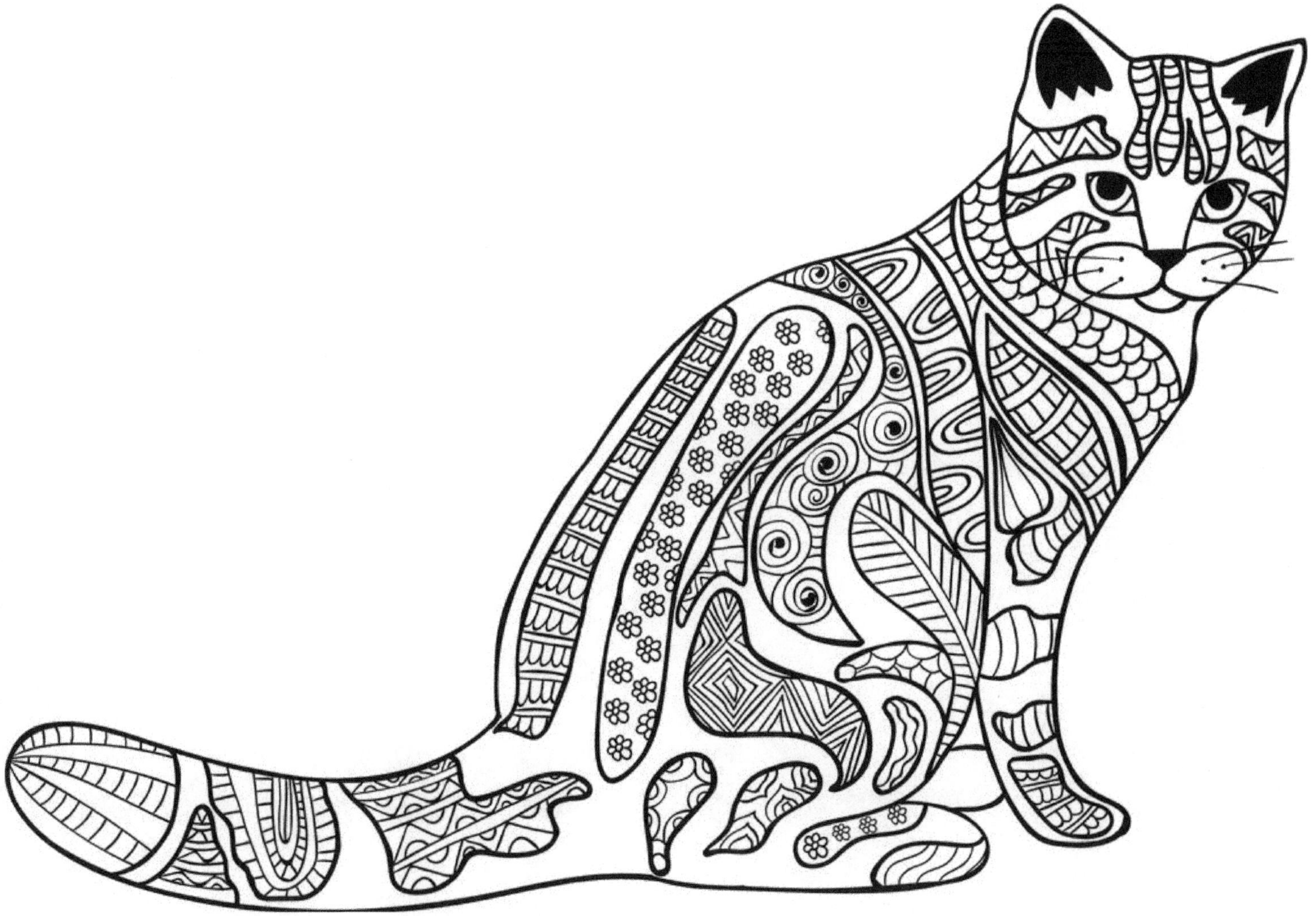

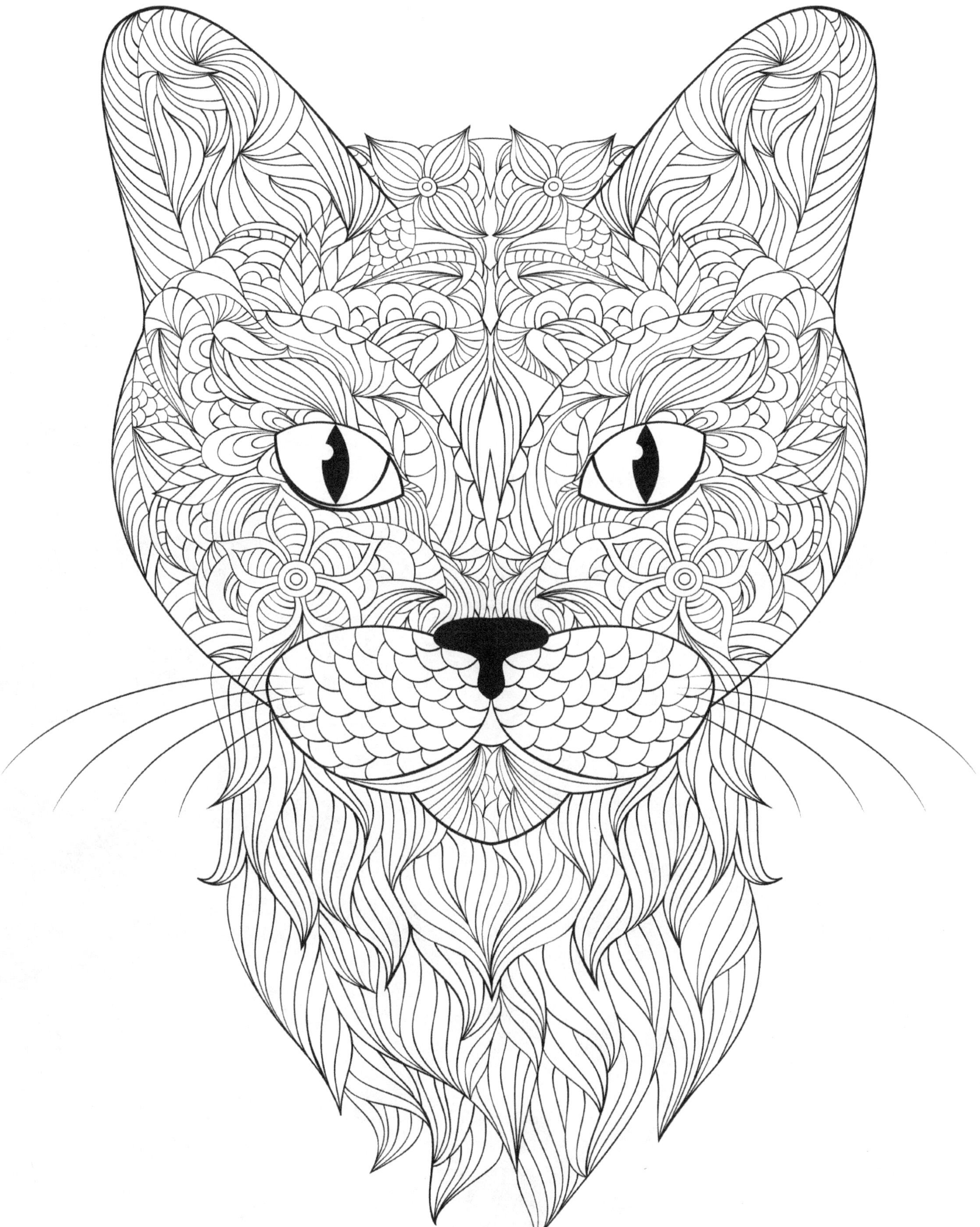

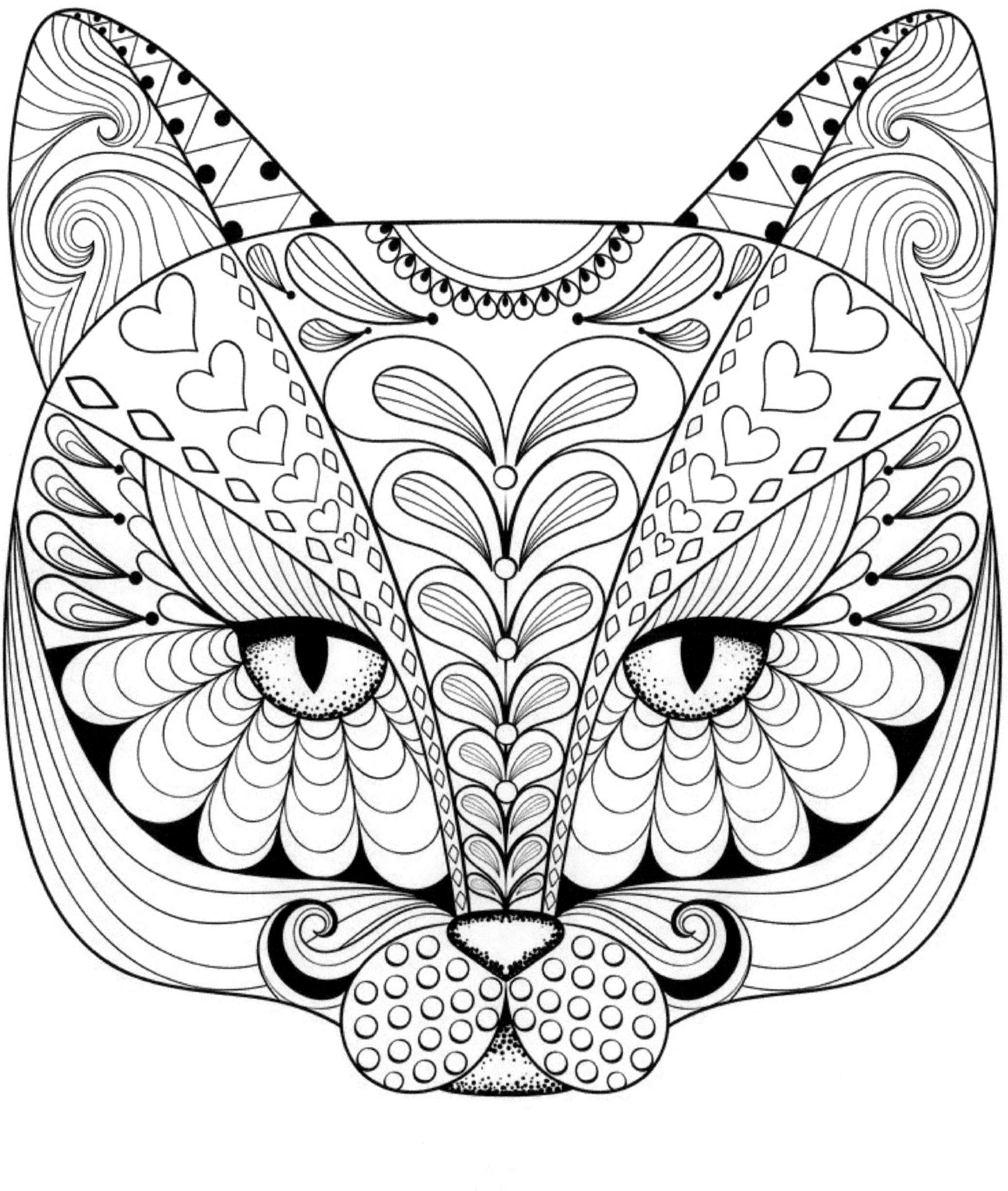

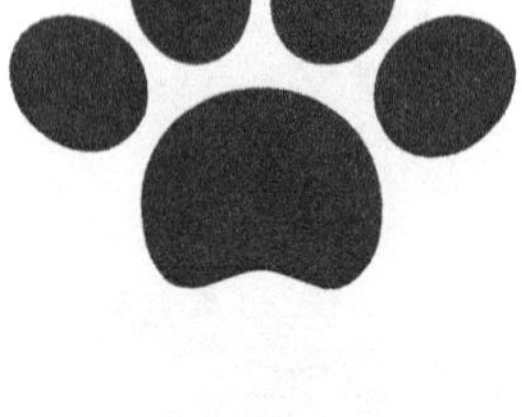

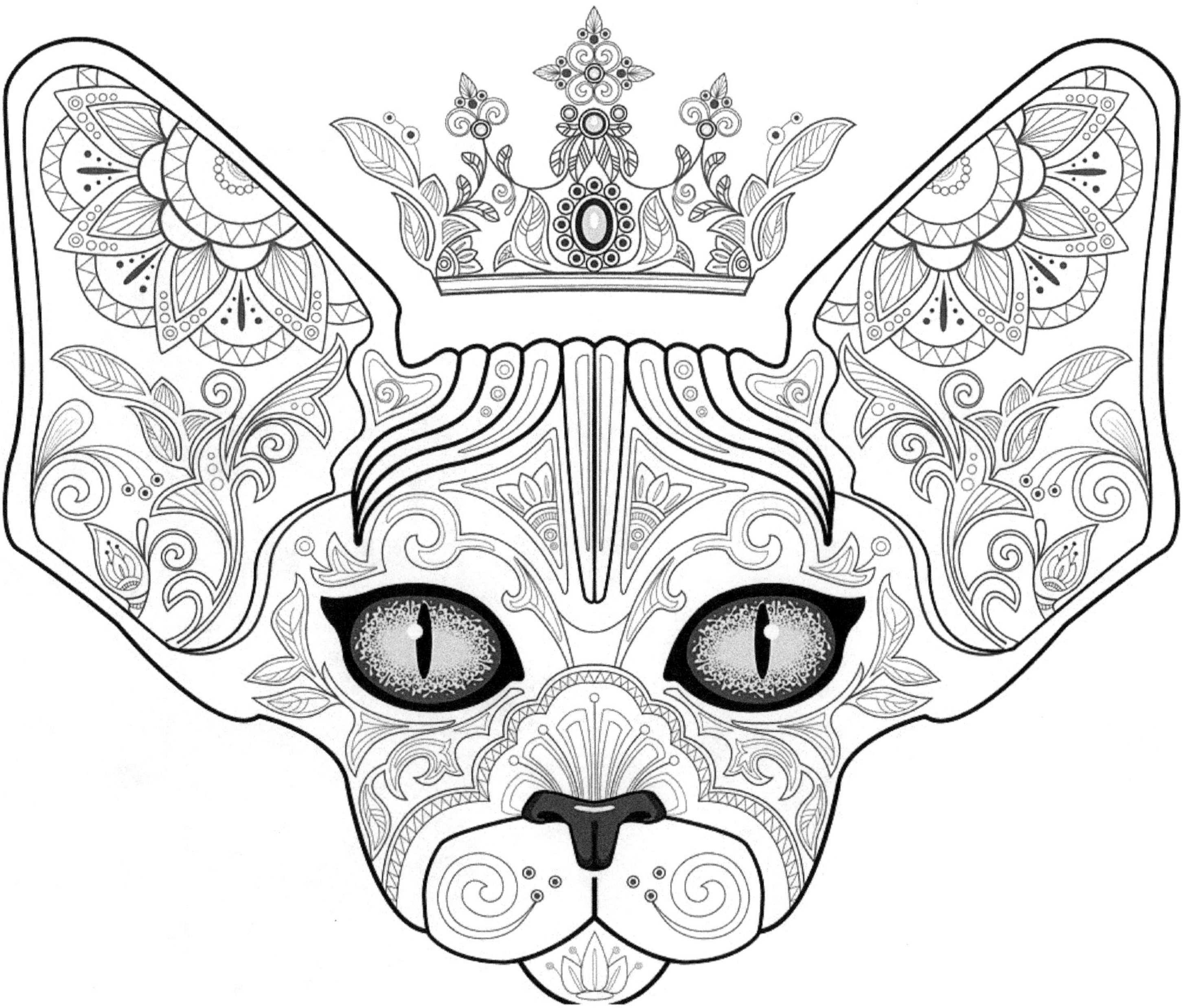

CPSIA information can be obtained
at www.ICGtesting.com
Printed in the USA
LVHW050514290721
693950LV00014B/1087

9 789189 476172